Deutsche Literaturgeschichte für Einsteiger

Eine spannende und unterhaltsame Reise durch die deutsche Literatur vom Mittelalter bis zur Gegenwart

Christian Möhlenkamp

INHALT

Das erwartet Sie in diesem Buch

Dieses Buch richtet sich an Leser, die nach einem Einstieg in die unübersichtliche Vielfalt der deutschen Literatur suchen. Dafür eignet sich die gewählte chronologische Reihenfolge deshalb am besten, weil sie, im Gegensatz zu themen- oder genreorientierten Ordnungsverfahren, eine Genese aufzeigt und die Genealogie der deutschen Literatur nachvollzieht. Dass Goethes Roman *Wilhelm Meisters Lehrjahre* ohne den *Simplicissimus* Hans Jakob Christoffel von Grimmelshausens höchstwahrscheinlich vollkommen anders ausgesehen hätte, lässt sich im Rahmen einer chronologisch dargestellten Zeitreise am einfachsten und effektivsten darstellen. Und dies ist nur eines von vielen Beispielen, gerade im Bereich der Lyrik ließen sich noch etliche weitere finden.

Man könnte also präzisieren: Das Buch ist an Leser adressiert, die sich auf die lange und spannende Reise durch die Welt der Worte begeben möchten, als Helden der eigenen Entwicklungsgeschichte sozusagen, in deren Verlauf sie einen immer besseren Überblick gewinnen und schließlich zu einem Punkt gelangen, an denen es ihnen leichter fällt, aus der Fülle an Werken die zu wählen, die sie wirklich interessieren.

Als Appetizer können die im zweiten Teil exemplarisch vorgestellten Autoren dienen, die durchaus als repräsentativ für die deutsche Literatur gelten können. Bei Schiller werden vor allem jene fündig, die sich für formvollendete, thematisch komplexe und sprachlich schöne

Theaterstücke oder Balladen beinahe epischen Ausmaßes begeistern können, während die Texte Rilkes Sie eher ansprechen, wenn Ihnen metrisch durchformte, mit zahlreichen intertextuellen und interkulturellen Bezügen arbeitende Gedichte oder Gedichtzyklen zusagen oder Sie sich für empfindsame, nach innen gekehrte Literatur wie *Die Aufzeichnungen des Malte Laurids Brigge* und die *Briefe an einen jungen Dichter* interessieren. Der Brückenschlag zur Gegenwart erfolgt dann mit Daniel Kehlmann, dessen Romane weltweit Erfolge erzielten und Beleg dafür sind, dass man sich auch im deutschen Sprachraum intensiv mit den Literaturen anderer Kulturräume befasst.

„Wer zu lesen versteht, besitzt den Schlüssel zu großen Taten, zu unerträumten Möglichkeiten", sagte Aldous Huxley einmal. Einige dieser Möglichkeiten soll Ihnen dieses Buch erschließen.

Deutsche Literaturgeschichte

Von den *Merseburger Zaubersprüchen* bis zu komplexen postmodernen Werken wie Slata Roschals 2022 erschienenem *153 Formen des Nichtseins*: Die deutsche Literatur hat eine Menge zu bieten, und diese Menge gilt es, Stück für Stück zu durchschreiten, es gilt, sich auf eine Wortwanderung vorzubereiten, bei der es um Ausdauer und nicht um Schnelligkeit geht.

Dieses Buch ist, seiner Länge geschuldet, ein Parforceritt durch die deutsche Literaturgeschichte, kann aber als erster Anhaltspunkt und Leitfaden dienen. Beginnend bei den archaischen frühmittelalterlichen Überlieferungen wird es über die höfische Literaturtradition des Hochmittelalters und des Barocks, die entfesselnden Texte der Aufklärung, die Intensität des Sturm und Drang, die Mannigfaltigkeit des literarischen 19. und frühen 20. Jahrhunderts einen Bogen bis in die Gegenwart spannen.

MITTELALTER

> „bên zi bêna, bluot zi bluoda,
> lid zi geliden, sôse gelîmida sîn."

So lautet der vielleicht berühmteste Abschnitt aus den *Merseburger Zaubersprüche,* die eines der wenigen althochdeutschen Sprachzeugnisse sind, die überliefert wurden. Überträgt man die fremd wirkenden Wortgebilde in modernes Deutsch, erhält man Folgendes:

> „Bein zu Bein, Blut zu Blut,
> Glied zu Gliedern, wie geleimt sollen sie sein!"

Diese Übersetzung aus einer Prager Anthologie deutscher Dichtung macht deutlich, wie weit sich die Sprache inzwischen bewegt hat, welche Distanz zwischen uns und einem Text besteht, der vor dem Jahre 1000 entstand. Die beiden Zaubersprüche, die nach ihrem Fundort in einer kirchlichen Bibliothek in Merseburg benannt sind, waren für die praktische Anwendung bestimmt, so sollte etwa der zweite, aus dem hier die letzten Zeilen zitiert sind, dazu dienen, die Götter um die Heilung eines Pferdes zu bitten. Dabei spielt die germanische Tradition eine große Rolle, gerade pantheistische Tendenzen waren trotz Christianisierung noch weit verbreitet.

Die unklare Überlieferungsgeschichte der Zaubersprüche, ihre ungewisse Herkunft, selbst die Unklarheit darüber, aus welchem dialektalen Sprachraum sie stammen: All das zeigt exemplarisch die Problematiken, mit der sich die Mediävistik, die Wissenschaft mittelalterlicher Texte, befassen muss. Selbst aus der Blütezeit der hochmittelalterlichen Literatur, die das 13. und 14. Jahrhundert umfasst, sind nur wenige Handschriften überliefert, und in diesen finden sich häufig Dopplungen, sodass es nicht selten ist, vier oder fünf unterschiedliche Versionen ein und desselben Textes vorzufinden, was die Aufgabe mit sich bringt, diese angemessen zu edieren.

Je weiter man in der Zeit voranschreitet, desto vielfältiger wird die Auswahl an überlieferten Texten. Es wäre unmöglich, all die verschiedenen Gattungen und Kategorien aufzuschlüsseln und zu erläutern, deshalb werden exemplarisch zwei Genres im Vordergrund stehen, die von immenser Bedeutung für die deutsche Literatur sind: zum einen das Heldenepos (oder die Heldendichtung), zum anderen der Minnesang.

Das deutsche Heldenepos beruht, im Gegensatz zur höfischen Ritterepik, zumeist auf germanischen Sagen und Überlieferungen. Diese wurden in festgelegter Form aufgegriffen und in Versen erzählt, nur Einzelheiten wichen von der tradierten Geschichte ab, wenn etwa eine andere

Moral gewünscht wurde. Konstitutiv für das Autorverständnis des Mittelalters ist ohnehin, dass diesem wenige Freiräume zugestanden werden und dass die meiste Anerkennung erfährt, wer die großen, kanonisierten Meister am besten nachahmt.

Das klassische Epos schlechthin ist das *Nibelungenlied*, in seiner heutigen Form zurückgehend auf eine mittelhochdeutsche Handschrift aus dem 13. Jahrhundert. Der Stoff allerdings ist deutlich älter und wird, wie es den Genrekonventionen entspricht, aus dem mündlichen Erzählschatz übernommen. Das umfangreiche Werk rund um Kriemhild von Burgund und den Drachentöter Siegfried ist nicht nur wegen Richard Wagners Opernadaption von enormem kulturellem Wert, sondern auch sein Einfluss auf das Zustandekommen eines deutschen Nationalgefühls – mit all seinen fatalen Folgen – zeigt, welch prägenden Einfluss dieser literarische Meilenstein hinterlassen hat.

Prägend für die hochmittelalterliche Kultur war jedoch nicht nur die eher volkstümliche Epik, sondern auch die höfische, an enge Konventionen und Vorstellungen gebundene Dichtung, insbesondere der Minnesang. Neben der sogenannten hohen Minne, bei der eine adlige Dame angesungen und -gepriesen wurde und feste Formen wie das Lob- oder Klagelied vorherrschend waren, gab es auch die niedere Minne, bei der es stärker um die Vermittlung tatsächlicher Gefühle ging, als es die strikten Vorgaben der hohen Minne zugelassen hätten. Andererseits war auch die niedere Minne stark an den höfischen Vorbildern orientiert, wie die formvollendete Hybridität der Gedichte von Walther von der Vogelweide zeigt.

Einer der bekanntesten Minnesänge findet sich in einem Brief einer Dame an einen Magister, es handelt sich bei ihm um eine kunstvolle Nachahmung volkstümlicher Dichtung, die im Folgenden im Original wiedergegeben wird:

> „Dû bist mîn, ich bin dîn.
> des solt dû gewis sîn.
> dû bist beslozzen
> in mînem herzen,

> verlorn ist das sluzzelîn:
> dû muost ouch immêr darinne sîn."

Gedichte wie dieses zeigen, weshalb sich die Lektüre mittelalterlicher Texte lohnt: weil die großen Emotionen sich über die Jahrhunderte hinweg kaum verändern, weil sie in jeder Epoche neu verhandelt werden und weil die sie behandelnden Texte dadurch zeitlos bleiben

Mit der Reformation und dem aufkeimenden Humanismus, mit neuen Formen der Kunst und des Ausdrucks und mit der Buchdruckerfindung Johannes Gutenbergs wird eine neue Zeit eingeleitet, die Renaissance, die das gesellschaftliche Selbstverständnis vollständig verändert. An ihrem Ende steht, mit einschneidenden Abgründen konfrontiert, der Barock.

BAROCK

Am 23. Mai 1618 wurden zwei königliche Statthalter und ein Sekretär aus dem Fenster der Prager Burg geworfen. Dies markierte den Beginn des

Dreißigjährigen Krieges, der sich vor allem auf dem Gebiet des Heiligen Römischen Reiches Deutscher Nation abspielte und erst mit dem westfälischen Frieden 1648 sein Ende fand. Für die barocke Literatur war dies ein dauerpräsenter Hintergrund, vor dem sich der Wandel der Literatursprache von Lateinisch zu Deutsch vollzog. Dichter wie Paul Fleming, Andreas Gryphius, Martin Opitz oder Christian Hoffmann von Hoffmannswaldau standen allerdings immer noch stark in der Tradition der lateinischen Dichtungselite der Generationen vor ihnen und nahmen weniger Bezug auf die deutschsprachige Literaturtradition, die sich in den Jahrzehnten zuvor eher im Volkstümlichen gefunden hatte.

Essentiell und prägend für die Barockdichtung war die erste deutsche Poetik, das *Buch von der Deutschen Poeterey* aus dem Jahre 1624, verfasst von Martin Opitz. Darin versucht er, die Eigenständigkeit des Deutschen als Literatursprache zu begründen und sie den als überlegen empfundenen romanischen Sprachen, insbesondere dem Französischen, entgegenzusetzen. Opitz übernimmt aus den Schilderungen des Tacitus über die Germanen aus dessen *Germania* die zugeschriebenen positiven Eigenschaften der Tapferkeit, Stärke und Sittsamkeit als Forderung an die deutsche Sprache. Ihm geht es darum, das Deutsche als selbstbewusste Kultur- und Kunstsprache gleichberechtigt neben das Spanische, Französische und Italienische zu stellen. Ein weiterer wichtiger Baustein von Opitz' normativer Poetik besteht in seinem Vorschlag einer neuen metrischen Zählung, die aus einer Kombination von Alternation und Akzentuierung besteht. Diese stimmt mit seiner Ansicht des Deutschen als Natursprache überein, da es nach Opitz' Regeln nun jedem Muttersprachler mit durchschnittlichem Sprachgefühl möglich war, einen korrekten Vers zu bilden. Die

antike Zählweise lässt sich nämlich nicht eins zu eins auf die deutsche Sprache übertragen und war daher nur den Latein- oder Griechischgelehrten vorbehalten.

Zur gleichen Zeit trieben Sprachliebhaber wie Philipp von Zesen und Paul Fleming die

Entwicklung einer einheitlichen deutschen Sprache voran, da diese, durchaus übereinstimmend mit den verworrenen politischen Verhältnissen, noch sehr fragmentarisch war. Zusammen mit der Ästhetik von Martin Opitz bildeten sie die Grundlage für die barocke deutsche Literatur.

Kennzeichnend sind die thematischen Widersprüche, die sich auch im formalen Aufbau der Texte wiederfinden, wobei besonders die Motive des *memento mori, carpe diem* und der *vanitas* im Vordergrund standen. Dabei sind *carpe diem* und *memento mori* ein Gegensatzpaar: zum einen das appellative *Nutze den Tag,* das an epikureische Lehren gemahnt, zum andern das fatalistisch-resignative *Bedenke, dass du sterblich bist,* welches ersterem gegenübersteht. *Vanitas* schließlich fokussiert sich auf die Vergänglichkeit allen Seins, die auch die Nichtigkeit des Menschen inkludiert. Besonders in der Lyrik spiegeln sich diese Motive wider, da ihre formalen Konventionen sehr stark mit Antithese und Paradoxon korrespondieren. Die beliebteste Form, das Sonett nach Petrarca, wurde (darin Opitz bzw. dem französischen

Vorbild anstelle des petrarcischen Endecasillabo [Elfsilber] folgend) im Alexandriner gedichtet, einem Jambus mit sechs Betonungen und hörbarer Zensur nach der dritten Hebung. Zudem entsteht durch die Einteilung des Sonetts in vier- und dreizeilige Strophen, die sogenannten Quartette und Terzette, eine weitere Spannung, die sich auch inhaltlich fruchtbar machen lässt. Ein sehr gutes Beispiel ist folgendes Sonett von Andreas Gryphius aus dem Jahr 1637 mit dem Titel *Es ist alles eitel,* hier in modernisierter Fassung wiedergegeben:

> „Du siehst, wohin du siehst, nur Eitelkeit auf Erden.
> Was dieser heute baut, reißt jener morgen ein:
> Wo jetzt noch Städte stehn, wird eine Wiese sein,
> Auf der ein Schäferskind wird spielen mit den Herden.
>
> Was jetzt noch prächtig blüht, soll bald zertreten werden.
> Was jetzt so pocht und trotzt, ist morgen Asch' und Bein,
> Nichts ist, das ewig sei, kein Erz, kein Marmorstein.
> Jetzt lacht das Glück uns an, bald donnern die Beschwerden.
>
> Der hohen Taten Ruhm muss wie ein Traum vergehn.
> Soll denn das Spiel der Zeit, der leichte Mensch, bestehn?
> Ach! Was ist alles dies, was wir für köstlich achten,

> Als schlechte Nichtigkeit, als Schatten, Staub und Wind;
> Als eine Wiesenblum', die man nicht wieder find't.
> Noch will, was ewig ist, kein einzig Mensch betrachten!"

Bereits in der ersten Strophe wird deutlich, wie virtuos sich die antithetische Struktur des Alexandriners nutzen lässt. Das Hauptmotiv des *vanitas* zeigt sich in der Gegenüberstellung von gegenwärtig Seiendem und Zukünftigem, die in den zweiten beiden Versen vorherrscht. Die titelgebende Eitelkeit ist in ihrem ursprünglichen Wortsinn als Nichtigkeit zu verstehen, wodurch die Rekurrenz auf *vanitas* deutlicher wird.

In der zweiten Strophe führt Gryphius den Gedanken fort, die Zäsur wird weiterhin als Spiegelachse verwendet. Dann erfolgt mit dem formalen Bruch des Sonetts auch ein inhaltlicher, indem der Dichter allgemeinere, philosophische Überlegungen anstellt und zum einen die Unabdingbarkeit der Vergänglichkeit propagiert, zum anderen eine fatalistische Weltüberwindung als Lösung für gegenwärtiges Leid darstellt. Die Mühen und Lasten des irdischen Lebens lassen sich nur durch das

Ewige nach dem Tod aufwiegen, wie der letzte Vers verdeutlicht.

Gryphius' christliche Prägung ist die eine Art und Weise, mit der erwähnten Motivik umzugehen, eine andere findet sich zum Beispiel in Gedichten von Hoffmannswaldau, etwa in *Wo sind die Stunden,* bei dem sich ein – zumindest auf den ersten Blick – weltlicherer Ansatz zeigt.

Die Epik war im Barock eine eher sekundäre Gattung, aber 1668 erschien ein Roman, der noch heute zu den wichtigsten deutschsprachigen Werken aller Zeiten gezählt wird. Geschrieben wurde er von Hans Jakob Christoffel von Grimmelshausen, der 1622 in Hessen geboren wurde und acht Jahre nach Veröffentlichung seines Hauptwerks starb. Während des Dreißigjährigen Krieges verdingte er sich als Söldner, nach Kriegsende übte er verschiedenste Berufe aus. Seine schriftstellerische Tätigkeit begann vermutlich erst 15 Jahre vor seinem Tod, worauf die Veröffentlichungsdaten seiner Werke hindeuten. *Der abentheuerliche Simplicissimus Teutsch* oder, abgekürzt, *Simplicius Simplicissimus* gilt als einer der ersten deutschen

Abenteuerromane und als wichtigster Barockroman. Die dreigeteilte Handlung steht unter dem Hauptthema der Desillusionierung des unbedarften Helden und gliedert sich in die Initiation, die Reise durch große Teile Deutschlands, in deren Verlauf Simplicius die Gesellschaft seiner Gegenwart kennenlernt, und schließlich den Rückblick auf die Erlebnisse im Verlauf seines Lebens.

Als Kind muss der Romanheld vom väterlichen Hof fliehen, als marodierende Banden das Zuhause verwüsten. Er rennt in den Wald und wird von einem christlichen Einsiedler aufgenommen, der ihn entsprechend unterweist und ihm Lesen und Schreiben lehrt. Von ihm erhält er auch seinen Beinamen Simplicius. Nach einer gewissen Zeit offenbart ihm sein Mentor, dass er bald sterben werde. Kurz darauf verlässt Simplicius, der eigentlich Melchior Sternfels von Fuchshaim heißt, die Einsiedelei, wird aber auf seinem weiteren Weg erneut vom Krieg heimgesucht und kehrt in die Hütte des Einsiedlers zurück, der ihm einen Brief hinterlassen hat, in dem er ihm die drei Grundpfeiler einer guten Lebensführung lehrt, die aus Selbst- und Welterkenntnis sowie Beständigkeit bestehen. Nach einigen Verwicklungen gelangt Simplicius an den Hof des schwedischen Gouverneurs in Hanau, der, wie sich herausstellt, mit ihm verwandt ist. Dort findet jedoch eine Desillusionierung und Entfremdung statt, infolge derer er in Ungnade fällt und zum Narr degradiert wird. Mithilfe eines Pfarrers bleibt er jedoch seinen (christlichen) Idealen treu und setzt seine Reise fort, bei der er wieder und wieder feindlichen Soldaten entkommt, ehe er vor Magdeburg als Narr zu den Kaiserlichen stößt.

Auch von dort flieht er wieder und landet schließlich in Soest, wo er, nach dem Tod seines Herrn mittlerweile Gefreiter, als Jäger von Soest mit Missetaten zu Ruhm und Geld kommt. Als er zwei Soldaten zum Duell fordert, wird er wiederum gefangen genommen, aber nach dem Ersinnen einer schlachtentscheidenden List wieder freigelassen. Nachdem er via Köln Paris erreicht hat und zweimal reich wird, wobei er zwischenzeitlich bestohlen wurde, wird er erneut zum Krieg gezwungen. Nach weiteren Irrungen und Wirrungen trifft er schließlich auf jemanden, den er bei den kaiserlichen Truppen kennengelernt hat. Bei einer gemeinsamen Wallfahrt verliert er erneut ein mögliches Vermögen, als er einen Stein, der ihm vom König der Wassergeister überreicht wurde und der eine Heilquelle erzeugen kann, wertlos macht, indem er ihn auf den Boden legt. Er zieht sich daraufhin auf einen Bauernhof zurück und wird dort nach einiger Zeit von kampierenden Soldaten gefangen genommen und durch mehrere Zufälle einmal um die Welt geschickt. Er landet schlussendlich auf einer Insel nahe Spanien und schreibt seinen Lebensbericht auf, der durch einen niederländischen Seefahrer zurück nach Deutschland gelangt, womit das Buch endet.

Diese wohlgemerkt kurze Inhaltszusammenfassung zeigt, wie überbordend und ausufernd barocke Literatur mitunter auch sein kann. Grimmelshausens Hauptfigur erlebt alles und trifft auf alle, und der gesamte Roman ist allein schon wegen seiner Experimentierfreude, die trotz allem an gewisse Konventionen der Zeit oder des Genres gebunden ist, ein Meilenstein deutscher Literatur.

Der Barock allerdings verschwand kurz darauf erst einmal in der Versenkung. Grund dafür war die ihm durch Aufklärung und Sturm und Drang entgegengebrachte Verachtung.

AUFKLÄRUNG &
STURM UND DRANG

Durch den Aufstieg des Bürgertums innerhalb der Ständegesellschaft und die verbesserten Bildungsmöglichkeiten wandelte sich auch die Literatur: Als Rezipienten kamen nun nicht mehr nur Adelige und vereinzelte gebildete und wohlhabende Bürger infrage, sondern die Erweiterung des Lesepublikums begann. Die Religion büßte an Bedeutung ein und damit auch die den Barock bestimmenden Leitmotive und christlichen Moralvorstellungen. Natürlich spielten diese auch weiterhin eine Rolle, aber eine untergeordnete. Der klare Ausdruck und die Lebensnähe bzw. -praxis des verhandelten Stoffs traten an die Stelle der Verrätselung und stark ausgeprägten Bildhaftigkeit.

Dichter wie Christian Fürchtegott Gellert mit seinen didaktisch angelegten Fabeln und Johann Christoph Gottsched, dessen Poetik *Versuch einer critischen Dichtkunst vor die Deutschen* von 1730 stark normativ geprägt war, waren frühe Vertreter einer aufklärerischen Literatur. Der bedeutendste aufklärerische Schriftsteller deutscher Sprache war allerdings Gotthold Ephraim Lessing, dessen wichtigstes Drama *Nathan der Weise* ein eindrückliches Plädoyer für Toleranz und kulturelle Verständigung darstellt. Besonders die berühmte Ringparabel, als moralisches Lehrstück im Zentrum des Dramas platziert, ist ein beeindruckendes Zeugnis hierfür. Lessing trat im Gegensatz zu Gottsched für eine weniger regelgeleitete und stärker auf Augenhöhe mit dem Leser agierende Literatur ein, die nicht belehrend auftritt, sondern in Reminiszenz an die Antike eine katharsis-ähnliche Wirkung erzielt.

Nicht ganz unbedeutend im Zuge der Aufklärung ist, dass auch in den Wissenschaften Latein als Lingua franca durch das Französische abgelöst wurde. Zudem wandelte sich die Sprache der

Philosophie hin zur jeweiligen Landessprache, was breiteren Massen gebildeter Laien einen Zugang ermöglichte. Die Vordenker der Aufklärung, in Deutschland natürlich vor allem Immanuel Kant, hatten die Befreiung des Menschen aus seiner selbstverschuldeten Unmündigkeit als Ziel. 1781 veröffentlichte der Königsberger Professor sein Hauptwerk, das eine Zeitenwende der Philosophie darstellt, die *Kritik der reinen Vernunft,* in der er die Möglichkeiten von Ontologie als Wissenschaft prüft. Außerdem erklärte er drei Jahre später das Horaz-Zitat *sapere aude* zum Leitspruch der Aufklärung, als welcher es sich bis heute gehalten hat.

Während die Philosophie sich also mit dem theoretischen Hintergrund befasste und Grundsatzfragen erörterte, stellte die Literatur sich in den Dienst eines klaren geistigen Ausdrucks. Doch die Regelgebundenheit wurde bald von jungen Dichtern in Frage gestellt, die eine eigene literarische Strömung begründen sollten: die des Sturm und Drang.

Die neue Generation setzte neben die Vernunft das Gefühl als gleichberechtigten Maßstab, der für die Textproduktion selbst sogar noch höher eingestuft wurde. Fantasie und Einfallsreichtum, Emotion und Genialität gesellten sich zu den Idealen der Vernunft und Geistesklarheit und bildeten so den Nährboden für eine neue Art von Texten. Die von Johann Gottfried Herder vorgebrachten Forderungen nach Anerkennung der Volksdichtung und seine Annahme, dass die Aufklärung dem einfachen Volk gegenüber zu lange überheblich gewesen sei, wurden von Dichterkollegen positiv aufgenommen und verinnerlicht. Nach seinem Vorbild entstanden etwa die Werke des frühen Goethe und von Schiller.

Sowohl *Die Leiden des jungen Werther*, Goethes Briefroman über den gleichnamigen, unglücklich verliebten Protagonisten, als auch Friedrich Schillers *Die Räuber,* bei dessen Uraufführung in Mannheim sich 1781 unbeschreibliche Szenen abspielten, sind eindrucksvolle Zeugnisse von der Kraft und Leidenschaft, die der Sturm und Drang mit sich brachte. Mit ihrer protoromantischen

Gefühlsbetonung stellt diese Epoche einen entscheidenden Einschnitt in der deutschen Literaturgeschichte dar, die das Individuum bis dahin nur vereinzelt in den Vordergrund gerückt hatte. Goethe und Schiller veröffentlichten zu dieser Zeit auch bedeutende Gedichte, von denen viele mittlerweile kanonisiert sind und sich in unzähligen Kompilationen der berühmtesten oder beliebtesten deutschen Gedichte finden lassen. In Schillers Fall ist die Ode *An die Freude* hervorzuheben, die den Text zum Finale von Ludwig van Beethovens 9. Sinfonie lieferte, welches später zur Europahymne bestimmt wurde. Bei Goethe hat sich vor allem das Gedicht *Willkommen und Abschied* ins kollektive Gedächtnis gebrannt.

Beide Autoren begründeten die Epoche der Weimarer Klassik, die den Sturm und Drang beendete und sich ungewöhnlich stark auf einen geographischen Ort als Zentrum konzentrierte.

KLASSIK

Die Klassik, oft mit dem Attribut *Weimarer* verse-
hen, lässt sich in zwei Zeiträume fassen: Im enge-
ren Sinn bezeichnet sie denjenigen der intensiven
Korrespondenz zwischen Friedrich Schiller und
Johann Wolfgang von Goethe, die mit Einsetzen
ihres Briefaustauschs 1794 begann und 1805 mit
dem Tode Schillers endete. Fasst man sie weiter
(und erweitert sie auch um das literarische Schaffen der nicht direkt mit den beiden deutschen Na-
tionaldichtern verbundenen Autoren Wieland und
Herder), so kann man sie zwischen Goethes erster
Italienreise 1786 und seinem Tod 46 Jahre später
datieren. Wichtiger Bezugspunkt dieser literarischen Strömung war der deutsche Kunsthistoriker
Johann Joachim Winckelmann, der in der zweiten
Hälfte des 18. Jahrhunderts zwei Schriften über die
griechische und römische Antike verfasste.

Seiner Ansicht nach bestand die Qualität der
abendländischen Antike in etwas, das er mit dem
Begriffspaar *edle Einfalt, stille Größe* zu bezeichnen versuchte. Diese von den klassischen Dichtern als Maxime verstandene Aussage kam der

Tendenz der deutschen Literatur entgegen, Brücken zwischen Adel und Bürgertum zu bauen, die sie seit der Aufklärung entwickelt hatte. Durch verschiedene Begebenheiten zogen nacheinander die vier großen Dichter nach Weimar, als letzter kam 1799 Friedrich Schiller, den zu diesem Zeitpunkt mit Goethe bereits eine innige Freundschaft verband.

Das wichtigste Stichwort in Bezug auf das literarische Schaffen der Epoche ist Harmonie oder, prozesshaft ausgedrückt, Harmonisierung. Sich am antiken Ideal orientierend wird die Einheit von Inhalt und Form zum wichtigsten Ziel, was nach den expansiven Epochen der Aufklärung und des Sturm und Drang einen Rückzug bedeutete. Dieser lag unter anderem auch im Scheitern der Französischen Revolution begründet, das für viele Kunstschaffende nicht nur der Literatur, sondern auch für Komponisten wie Ludwig van Beethoven eine Enttäuschung darstellte. Im Gegensatz zu den bewegten Zeiten möchte die kulturelle Programmatik der klassischen Literaten erreichen, dass eine Niveauerziehung und ästhetische Ausbildung der Bürger hin zum aufklärerischen und humanistischen Ideal erfolgt. Augenscheinlich wird dies etwa in Schillers Gedicht „Die Bürgschaft", aus dem Sie später in diesem Buch noch Ausschnitte lesen werden.

Während der Zeit der Klassik ist gerade bei Goethe und Schiller ein Zurückkehren zur antiken Dramenform zu beobachten, deren drei Einheiten des Orts, der Zeit und der Handlung beiden als Vorbild dienten.

Auch die metrischen Formen näherten sich einem streng regulierten Ideal an, deren vortrefflichste Ausprägungen sich unter anderem in Goethes Blankversdrama *Iphigenie auf Tauris* wiederfinden. Schiller, der seine Inspiration häufig in historischen Stoffen fand, verfasste zu dieser Zeit unter anderem die *Jungfrau von Orleans,* den *Wilhelm Tell* und sein Drama um die schottische Thronfolgerin Maria Stuart. Wieland und Herder, die auf der persönlichen Ebene etwas distanziert vom Zweigespann Goethe/Schiller waren, veröffentlichten viele theoretische Schriften (Herder) und mit antiken Stoffen operierende Romane (Wieland).

Als kontradiktorisch darf gelten, dass sich Goethe zu dieser Zeit weiterhin mit seinem Opus Magnum *Faust* auseinandersetzte, dessen beide Teile im Abstand von 24 Jahren 1808 und 1832 erschienen. Da dieses Stück allerdings ohnehin als Monolith in der deutschen Literaturgeschichte steht, ist es vielleicht weniger verwunderlich, als es den Anschein haben mag, dass Goethe seinen sich selbst auferlegten antiken Idealen im *Faust* entsagte.

Da die Klassik thematisch und räumlich so stark begrenzt war, ist klar, dass manche bedeutende Dichter nicht an ihr teil hatten. Wichtigstes Beispiel dafür ist der von Goethe gering geschätzte Heinrich von Kleist, dessen dichterisches Werk sich weder der Klassik noch der aufkeimenden Frühromantik zuordnen lässt. Zwar greift er in seinen Stücken häufig antike Stoffe auf und hält sich auch an die Stilvorgaben, die Aristoteles in seiner *Poetik* formuliert hat, aber Kleist interessiert sich mehr für das Abgründige und Extreme der menschlichen Existenz.

Zur selben Zeit, in der sich Schiller und Goethe in antike Stoffe vergruben und Kleist abseits des literarischen Lebens seine kunstvollen Erzählungen und Dramen schuf, entstand eine neue literarische Strömung, die gewisse Anknüpfungspunkte an den Sturm und Drang hatte, aber trotzdem eine große Neuerung darstellte: die Romantik.

ROMANTIK

„Die romantische Poesie ist eine progressive Universalpoesie. [...] Die romantische Dichtart ist noch im Werden; ja das ist ihr eigentliches Wesen, daß sie ewig nur werden, nie vollendet sein kann. Sie kann durch keine Theorie erschöpft werden [...]."

Dieser Versuch einer romantischen Poetikdefinition stammt von Friedrich Schlegel, einem der Wegbereiter der deutschen Romantik wie auch der Romantik überhaupt. Sie lässt bereits die wesentlichen romantischen Anliegen erahnen, insbesondere die angestrebte In-Einklang-Bringung von Mensch und Natur sowie Seele und Geist, die sich in dem Begriff der *progressiven Universalpoesie* niederschlägt. Bemerkenswert ist auch die im zweiten Teil des Zitats wiedergegebene Aussage, dass die „romantische Dichtart" nicht zu vollenden sei. Zum einen werden hier die schon an der Schwelle zum 19. Jahrhundert empfundenen Entfremdungsvorgänge zwischen Mensch und Natur deutlich, da die angestrebte Vereinigung nicht zu erzielen ist, zum anderen wendet sich Schlegel explizit gegen das Primat des rein vom Verstand geleiteten Menschen, indem er der romantischen Poesie zuschreibt, dass sie nicht theoretisierbar ist. Darin kommt der Geist der Romantik als explizite Gegenbewegung zur Aufklärung zum Vorschein, der durch die intellektuellen Höhenflüge von Johann Gottlieb Fichte und Friedrich Wilhelm Schelling, also der idealistischen Philosophie, flankiert wurde.

Vor dem Hintergrund der Französischen Revolution, der napoleonischen Kriegswirren und schließlich des Wiener Kongresses 1815 entfaltete sich so eine Kunstbewegung, die von der Literatur über die Musik bis hin zur Malerei alle Kunstrichtungen umfasste und sich der Fantasie und dem Irrationalen verschrieb, die sich für die seelischen Abgründe des Menschen ebenso begeisterte wie für das Mittelalter als idealisierter Wunschzustand. Gesellschaftlich ging damit eine Ablehnung der bürgerlichen Lebensgewohnheiten einher.

Eine wichtige Unterströmung stellt die sogenannte schwarze Romantik dar, die die ohnehin schon bestehende romantische Faszination für das Morbide und Unheimliche noch vertiefte und zum Hauptthema ihrer Texte avancieren ließ. Motive wie der Albtraum oder das des Doppelgängers, welches eine Spiegelung des Selbst ermöglicht und damit bereits auf Freud verweist (in der Deutung des Doppelgängers als Konfrontation zwischen dem Ich und seinem Es), bestimmten die Texte von Dichtern wie E. T. A. Hoffmann.

Dieser kann als wichtigster deutscher Vertreter der schwarzen Romantik gelten, seine Werke wie *Der Sandmann* oder *Die Elixiere des Teufels* stießen auch im Ausland, gerade in Russland und Frankreich, auf großen Anklang und beeinflussten bedeutende Dichter wie Gogol, Dostoievski oder Poe.

Die wichtigsten Gattungen der Romantik waren Epik und Lyrik, das Drama fand nahezu keine Verwendung, es wurde als zu überformt von antiken, starren Regeln empfunden. Gedichte und Geschichten galten als besser geeignet, um Emotionen darzustellen und damit dem romantischen Ideal zu folgen. Das am häufigsten thematisierte Gefühl war die Sehnsucht, die man in ihr entsprechenden Bildern zu bannen versuchte. Im folgenden Gedicht Joseph von Eichendorffs wird das berühmte Dingsymbol der blauen Blume verwendet, das erstmals Novalis in seinem Romanfragment *Heinrich von Ofterdingen* benutzte:

„Ich suche die blaue Blume,
Ich suche und finde sie nie,
Mir träumt, dass in der Blume
Mein gutes Glück mir blüh.

Ich wandre mit meiner Harfe
Durch Länder, Städt und Au'n,
Ob nirgends in der Runde
Die blaue Blume zu schaun.

Ich wandre schon seit lange,
Hab lang gehofft, vertraut,
Doch ach, noch nirgends hab ich
Die blaue Blum geschaut."

Zum einen wird die blaue Blume in ihrer Bedeutung als Symbol der Sehnsucht verwendet, zum anderen reflektiert Eichendorff allerdings über die Funktion dieses Stilmittels. Das Sehnsuchtssymbol kann nämlich nicht gefunden werden und die poetische Verarbeitung allein hebt das bedrängende Gefühl nicht auf.

Damit weist er bereits über die Romantik hinaus, die langsam ihrem Ende entgegenging, als die politische Situation in Deutschland wieder unruhiger wurde und etwas Neues in der Luft lag, das insbesondere im Vormärz von Autoren wie Georg Büchner auch literarisch verarbeitet wurde.

Als Überwinder der Romantik gilt indes Heinrich Heine, dessen Gedichte und essayistische Werke die Alltagssprache kunstfähig machten.

Wir überspringen die bewegten Zeiten rund um die Revolution 1848 und bewegen uns hin zu Realismus und Naturalismus.

REALISMUS/NATURALISMUS

Historisch gesehen ist der Realismus einem Stimmungswandel nach der gescheiterten Revolution zu verdanken. Das liberal eingestellte Bürgertum, das den Hauptteil der Revolutionären gestellt hatte, sah sich nach der kaum erfolgten Umsetzung seiner Forderungen mit dem Scherbenhaufen des Idealismus konfrontiert, jener philosophischen Strömung, die von Hegel und Fichte ausgegangen war. So gelangte auch literarisch der Wille zur Betrachtung der Welt, wie sie ist, in den Mittelpunkt.

Zunächst gilt es, einige Begriffsschwierigkeiten zu klären. Der Realismus stellt keine plumpe Wiedergabe allen Geschehens dar, sondern setzt sich unter Umständen aus Ausschnitten der Wirklichkeit eine neue Realität zusammen. Begriffe wie *bürgerlicher* oder *poetischer* Realismus deuten bereits auf die facettenreiche Interpretation des Realistischen hin. Ersterer will neben der materiellen Welt auch eine moralische Wirklichkeit darstellen, die, ihrer Zeit unterworfen, zumeist den Wert von Arbeit und Bildung sowie eines assimilierten Lebens hervorhob. Der poetische Realismus wiederum stellt die Arbeitsweisen und literarischen Techniken in den Dienst der Kunst, die auch als solche verstanden werden soll. Häufig verknüpft sich in ihm eine subjektive Erzählhaltung mit dem Nachahmen gesellschaftlicher Wirklichkeit.

Weiterhin lässt sich der Realismus in zwei entscheidende Phasen einteilen, von denen die erste von Ludwig Feuerbachs Religionsphilosophie geknüpft war, die auf gegenseitige Solidarität im Angesicht transzendentaler Obdachlosigkeit aufbaute und den Menschen als Gott für den Menschen ansah. Die anfänglich positiv aufgenommene Industrialisierung verstärkte diese autoemanzipatorische Haltung. Mit den zunehmenden sozialen Problemen und der Entwicklung von Evolutionstheorien vonseiten Alfred Russel Wallace und Charles Darwin wich die optimistische Grundstimmung jedoch einer gewissen Resignation, die den Menschen biologischen und gesellschaftlichen Zwängen unterworfen sah, aus denen er sich nicht befreien konnte.

Deutsche Vertreter dieser panwestlichen Strömung waren Theodor Storm, Adalbert Stifter, C. F. Meyer, Gottfried Keller und, als wichtigster Protagonist, Theodor Fontane, dessen Gesellschaftsromane *Irrungen, Wirrungen* (1888), *Frau Jenny Treibel* (1892) und *Effi Briest* (1895) den poetischen Realismus maßgeblich prägten und ihn mit *Effi Briest* vollendeten.

Während im Realismus das poetische Überhöhen der Wirklichkeit und ihre zweckgebundene

Darstellung maßgeblich waren, wurde es den Naturalisten zum Ziel, alle Facetten der Realität darzustellen, ohne vermeintlich negative Episoden auszusparen. Ihm zugrunde lag ein Wissenschaftsverständnis, das davon ausging, dass sich alles aufklären ließe, und diesen Positivismus übertrug man auch auf das Individuum, das an seine durch soziale Herkunft und Vererbung bestimmten Bedingungen gebunden ist und berechenbar handelt.

Den Idealtypus des naturalistischen Textes identifizierte der Schriftsteller Arno Holz in der Formel *Kunst = Natur – x,* wobei x den möglichst klein zu haltenden künstlerischen Einfluss darstellt. Die nur kurz andauernde literarische Strömung formierte sich als Reaktion auf die durch voranschreitende Industrialisierung und zunehmende Verstädterung hervorgerufenen sozialen Probleme. Inspiration erhielten die deutschen Naturalisten rund um Gerhart Hauptmann, Arno Holz, Frank Wedekind und Hedwig Dohm von internationalen Vorbildern wie Émile Zola. Häufig wurde die soziale Frage erörtert und die

Lebensrealität der Arbeiter möglichst genau dargestellt (Gerhart Hauptmanns Drama *Die Weber* ist hierfür ein gutes Beispiel). Auch die zahlreichen Sprachbesonderheiten wurden kommentarlos wiedergegeben, in Hauptmanns bedeutendstem Drama etwa der schlesische Dialekt und der Soziolekt der Weber.

Stilbildend für den Naturalismus ist zuvorderst die enge Bindung an die Wissenschaft, die Dichter versuchen, in der Realität empirisch korrekt und naturgetreu wiederzugeben. Dabei bedienen sie sich selbst wissenschaftlicher Methoden. Der Autor als Künstler tritt in den Hintergrund, stattdessen versucht er, dokumentarisch vorzugehen, wofür er seine Individualität und Subjektivität zumindest in Teilen aufgibt. Der Dichter erscheint als literaturschaffender Wissenschaftler, der den Mensch in seiner aktuellen Situation als Endergebnis seiner sozialen beziehungsweise biologischen Herkunft betrachtet und sich damit durchaus auf Karl Marx' Sozialismus und die Evolutionstheorie beruft.

Mit dem raschen Abklingen des Naturalismus in Deutschland, das zu Teilen durch die 1890 verabschiedeten Sozialistengesetze und die damit verbundene vermeintliche Lösung der sozialen Frage hervorgerufen wurde, begannen viele verschiedenen literarische Strömungen, sich zu verbreiten, die man gemeinhin unter dem Begriff *Moderne* subsumiert.

MODERNE

Im Folgenden wird es um drei Hauptrichtungen der modernen Literatur um die Jahrhundertwende gehen: um das das Zeitgefühl aufnehmende und künstlerisch ausdrückende Fin de Siècle und die ihm angrenzenden Stile des Impressionismus und Expressionismus.

Das Fin de Siècle, zu Deutsch Ende des Jahrhunderts, stammt aus dem französischen Sprachraum, wurde jedoch als Epochenbeschreibung schnell für die gesamte europäische Kultur adaptiert. Es nahm als künstlerische Strömung die widersprüchlichen Empfindungen und Regungen auf und verlieh ihnen eine Stimme. Das ausgehende 19. Jahrhundert war geprägt von Nationalismen und Abgrenzungstendenzen, die eine zunehmend angespannte internationale Lage mit sich brachten. Zukunftsangst und Zuversicht mischten sich mit einer fatalistischen Endzeitstimmung, die zur generellen Lage der Autoren passte, die sich dem Zwang des Marktes unterworfen sahen.

Parabolisch mag den Zwiespalt des Fin de Siècle wohl Hugo von Hofmannsthal darstellen, der unter dem Pseudonym Loris als Sechzehnjähriger die Wiener Literaturszene ziemlich aufmischte. In seinem frühen Sonett *Was ist die Welt?* klingt er noch hoffnungsvoll, sieht die titelgebende Welt als „Begabt mit eigner, unentweihter Schöne" an. Wenige Jahre später im Gedicht *Das Zeichen* klingt das schon deutlich anders:

> „Und trügest du ein Zeichen,
> Ein purpurrotes Zeichen,
> Es müßte auch verbleichen,
> Es ginge auch dahin!"

Vergänglichkeit und Resignation selbst im Angesicht des hoffnungsfrohen Aufbäumens kontrastieren das jugendliche Sonett und zeigen deutlich die epochentypische Zweigeteiltheit innerhalb eines Menschen.

Denken wir an Impressionismus, fallen uns sofort Claude Monets Seerosen ein, von denen er in verschiedensten Licht- und Schattenkonstellationen Bilder herstellte. Zur impressionistischen Malerei zieht Otto F. Best in seinem Buch über Impressionismus und Symbolismus folgende Verbindungslinie: „Ähnlich läßt sich literarischer Impressionismus als Kunst der persönlichen Augenblicksempfindung bezeichnen: aus der Erfahrung, daß Dinge, wie sie ‚wirklich' sind, künstlerisch nicht reproduziert werden können, greift der Impressionist subjektive Eindrücke von Weltausschnitten auf und gestaltet sie - meist in lyrischen Gedichten [...]"

Diese sehr zutreffende Definition bewahrheitet sich, wenn man sich die bedeutendsten Werke der Impressionisten ansieht, von welchen das

Populärste mit Sicherheit die *Recherche* Marcel Prousts ist. Im deutschen Sprachraum taten sich unter anderem Stefan George, dessen bekanntester Vers beinahe als Anleitung zum Impressionismus zu lesen ist („Komm in den totgesagten park und schau"), und Eduard von Keyserling hervor.

Als stärker in der Tradition des Fin de Siècle stehende Epoche stand der Expressionismus für Erneuerung und antinationalistisches Engagement in der Literatur. In Gedichten wurde immer häufiger die Großstadtproblematik verhandelt und die Texte hatten nicht mehr nur gelegentlich eine sozialkritische Note.

In Zeitschriften wie dem *Brenner* fanden sich Abnehmer für die literarischen Produktionen der Expressionisten, die eine Agenda der Loslösung von gesellschaftlichen und historischen Fesseln verfolgten. Das Gedicht, welches als Initialzündung des Expressionismus fungierte, war das 1911 erschienene *Weltende* von Jakob van Hoddis. In zahlreichen disruptiven Bildern stellt er in den nur acht Zeilen die Zersplitterungen des modernen Großstadtlebens dar.

Trotz einer eindeutigen Stoßrichtung ließ das weite Feld des Expressionismus eine hohe individuelle Bandbreite zu. Georg Trakl stand mit seinen enigmatischen Gedichten über das Mythische und Numinose, deren Chiffren nicht vollständig zu entschlüsseln sind, dem Symbolismus nahe, während Gottfried Benn am radikalsten mit althergebrachten Vorstellungen von Wert und Moral brach, als er 1912 *Morgue und andere Gedichte* veröffentlichte und damit eine Ästhetik des Hässlichen begründete.

Die Großstadtlyrik als dominante Subkategorie wurde im Expressionismus begründet und fand direkt ihren absoluten Höhepunkt. Ein Beispiel soll hier in Form von Paul Boldts *Auf der Terrasse des Café Josty* zitiert werden:

„Der Potsdamer Platz in ewigem Gebrüll
Vergletschert alle hallenden Lawinen
Der Straßentakte: Trams auf Eisenschienen
Automobile und den Menschenmüll.

Die Menschen rinnen über den Asphalt,
Ameisenemsig, wie Eidechsen flink.
Stirne und Hände, von Gedanken blink,

schwimmen wie Sonnenlicht durch dunklen Wald.

Nachtregen hüllt den Platz in eine Höhle,
Wo Fledermäuse, weiß, mit Flügeln schlagen
Und lila Quallen liegen - bunte Öle;

Die mehren sich, zerschnitten von den Wagen.-
Aufspritzt Berlin, des Tages glitzernd Nest,
Vom Rauch der Nacht wie Eiter einer Pest."

Die Naturallegorien, mit denen Boldt versucht, das Moloch Großstadt in Verse zu fassen, stehen natürlich in großem Widerspruch zum technisch überformten Leben des Städters. Auch die Bedeutungslosigkeit und Verlorenheit der Menschen deuten sich an, insbesondere in der zweiten Strophe. Schließlich wird die Stadt noch mit Krankheit und Verderben assoziiert, wodurch das Sonett als archetypisches Beispiel für die expressionistische Lyrik stehen kann.

Nachdem sich die politischen Spannungen in Europa im Ersten Weltkrieg entladen hatten, brachte die erste deutsche Demokratie der Weimarer Republik neue Literaturen hervor.

LITERATUR DER WEIMARER RE-PUBLIK

Am 9. November 1918 rief der SPD-Politiker Philipp Scheidemann vom Balkon des Reichstags die Republik aus, um möglichen revolutionären Ideen der KPD und USPD, die sich um Karl Liebknecht und Rosa Luxemburg versammelt hatten, zuvorzukommen. Nach deren Ermordung 1919, die Tumulte und Aufruhen zur Folge hatte, welche von kaiserlichen Truppen und dem Freikorps niedergeschlagen wurden, begann die Weimarer Republik, sich als demokratische Republik zu konsolidieren. Doch die durch die Kriegsfinanzierung angestoßene und nach Verlust des Krieges weiter ansteigende Inflation mündete 1923, im Jahr des Hitlerputsches, in eine Hyperinflation.

Deutschland konnte seine Reparationen nicht mehr zahlen und die Löhne wurden den rasant steigenden Kosten nicht angepasst. Die drohende politische Unruhe konnte erst durch einen radikalen Neuanfang unter Reichskanzler Gustav Stresemann ausgeräumt werden. In den Jahren darauf folgten die sogenannten goldenen Zwanziger, die gerade in der Metropole Berlin als kulturelle Hochzeit wahrgenommen wurden. Sie endeten im schwarzen Donnerstag an der New Yorker Börse und im schwarzen Freitag an den europäischen Börsen, die zunächst eine Inflation und dann eine noch fatalere, die schlussendliche Machtübernahme der Nationalsozialisten begünstigende Deflation auslösten.

Die wichtigste literarische Richtung der jungen Republik wurde die neue Sachlichkeit, die zwar dem Naturalismus verbunden war, aber dessen Vorstellung einer allumfassenden positivistischen Wissenschaft aufgegeben hatte. Gerade die Hinzunahme eines desillusionierten Bewusstseins für die politischen und sozialen Verhältnisse distinguierte sie vom den Dichter eliminierenden Naturalismus. Lebenspraktische Ansätze und die Wappnung der Leserschaft für die moderne Gesellschaft waren wichtige Anliegen der Autoren, die sich oftmals auch dezidiert für die Demokratie aussprachen und versuchten, auch bei ihren Rezipienten eine gewisse Begeisterung zu entfachen. Dichtung und Ver-dichtung spielten weniger eine

Rolle als die genaue Wiedergabe der Beobachtung, wie Joseph Roth im Vorwort eines Romans postuliert: „Es handelt sich nicht mehr darum zu ‚dichten'. Das Wichtigste ist das Beobachtete."

Die zu erneuter Blüte strebende Gattung des Romans erfreute sich sowohl bei den Schriftstellern als auch beim Lesepublikum großer Beliebtheit und war eng mit der Lebenswirklichkeit der Weimarer Republik verknüpft, die dem Stil ihrer Epoche gemäß möglichst detailgetreu dargestellt wurde.

Die noch heute beliebte Aussage *form follows function* hätte auch gut aus der Weimarer Republik stammen können, denn den Dichtern war der Inhalt wichtiger als die formale Aufhübschung ihrer Werke. Zudem wurden Figuren oft als Typen statt als eigenständige Individuen charakterisiert, um die Darstellung einer sozialen Klasse anstelle der persönlichen Situation zu vereinfachen. Der wichtigste, sie gleichsam transzendierende Roman der neuen Sachlichkeit ist mit Abstand *Berlin Alexanderplatz* von Alfred Döblin aus dem Jahr 1929, der das Leben Franz Biberkopfs schildert.

Analog zu ihrer Epik entwickelte die Epoche auch eine eigenständige Lyrik, die sich durch neuartige Sprachverwendung sowie die Verbindung des Trivialen und Komischen mit der Hochkultur auszeichnete. Gerade Kurt Tucholsky und der zu Unrecht vor allem als Kinderbuchautor bekannte Erich Kästner trieben diese auch als Gebrauchslyrik bezeichnete Dichtungsrichtung voran, in dem sie alltägliche Szenen mit einer subtilen tieferen Bedeutung verbanden, die sich oft in feiner Ironie oder schierer Komik äußerte. Eine weitere bedeutende Vertreterin dieses Stils ist die Dichterin Mascha Kaléko, bei der der bei den vorgenannten Autoren eher hintergründige oder überspielte Schmerz stärker zutage tritt.

Nach der Einführung des Frauenwahlrechts 1919 feierten auch in der Literatur mehr und mehr Frauen Erfolge. Zwei der wichtigsten Autorinnen zur Zeit der Weimarer Republik waren Vicky Baum und Irmgard Keun. Erstere landete mit ihren Romanen, die zwischen unterhaltender und gehobener Literatur changierten, große finanzielle Erfolge, wurde aber von der Literaturkritik stets misstrauisch beäugt. Zwar wurden ihr gewisse literarische Qualitäten attestiert, man beanstandete jedoch die allzu große Nähe zu Kitsch und Trivialem. Baum selbst, der posthum homophobe und misogyne Tendenzen vorgeworfen wurden, wusste sich selbst durchaus selbstironisch zu verorten und sprach von sich selbst als „erstklassige Schriftstellerin zweiter Güte".

Bei Irmgard Keun verhielt sich die Sache etwas anders: Zwar waren ihre ersten beiden Romane *Gilgi, eine von uns* und *Das kunstseidene Mädchen* in der ausgehenden Weimarer Republik finanzielle Erfolge und wurden auch von der Kritik positiv aufgenommen, allerdings gestaltete sich Keuns Situation zur Zeit der NS-Herrschaft schwieriger als die der nach der Verfilmung ihres Weltbestsellers *Menschen im Hotel* in den USA verbliebenen Vicky Baum.

Irmgard Keun emigrierte zunächst nach Belgien und in die Niederlande, wo sie in Exilverlagen weiter veröffentlichte, bevor sie illegal nach Deutschland zurückkehrte. Nach Ende des Zweiten Weltkriegs fand sie jedoch keinen Anschluss an die literarische Szene Westdeutschlands und verarmte. Erst kurz vor ihrem Tod wurden sie und ihr Werk wiederentdeckt. In den letzten Jahren erschienen große Teile ihres Werks als Taschenbücher im Ullstein Verlag und die Literaturwissenschaft erkannte neben dem großen Unterhaltungswert von Keuns Romanen auch deren literarische Bedeutung.

Die in Deutschland verbliebenen Autoren schufen zur Zeit des Nationalsozialismus – mit Ausnahme vielleicht von Benn und Kästner – wenig Bedeutendes, weshalb wir uns im nächsten Kapitel mit der deutschsprachigen Exilliteratur befassen werden und beleuchten, welch einschneidenden Verlust für die deutsche Literatur das erzwungene Exil so vieler bedeutender Autoren bedeutete.

EXILLITERATUR

Nach der Machtergreifung der Nationalsozialisten 1933 versuchten zunächst viele Schriftsteller, sich unter den geänderten politischen Vorzeichen zurechtzufinden. Diese Handlung änderte sich bei den meisten im Zuge der Bücherverbrennungen, bei denen am 10. Mai die Werke nichtarischer und sogenannter entarteter Künstler in Flammen aufgingen. Darauf folgte die Emigration vieler wegen ihrer Herkunft oder ihrer politischen Einstellung gefährdeter Autoren ins europäische und internationale Ausland. Als die Nazis allerdings begannen, Gebiete zu annektieren, stellte sich für die dorthin Geflüchteten die erneute Frage, wohin sie sich retten konnten. Teilweise drakonische Einreisebestimmungen erschwerten die Flucht noch zusätzlich. Eine weitere Verschlechterung erfuhr die Situation mit Beginn des Zweiten Weltkriegs 1939. Die Dichter, die sich in Frankreich, Belgien oder den Niederlanden sicher gewähnt hatten, mussten schnell versuchen, nach Großbritannien oder in die USA zu gelangen. Anne Frank ist das berühmteste Beispiel dafür, dass auch die ausgewanderten Verfolgten im Verlauf der nationalsozialistischen Eroberungskriege gefasst und deportiert wurden.

Auch nach Ende des Kriegs herrschte unter den Emigranten eine große Unsicherheit. Ein Teil von ihnen kehrte nach Deutschland zurück, ihnen schlug jedoch nicht nur Begeisterung entgegen. Das junge Nachkriegsdeutschland nahm ihnen ihren intellektuellen Kampf gegen das Naziregime übel. Die im Ausland verbliebenen Autoren sahen sich weiterhin den bekannten Problemen gegenübergestellt, die nach dem Sieg der Alliierten nicht abebbten.

Die Möglichkeiten der Publikation ihrer Texte war für die etwa 1500 Exilschriftsteller begrenzt, weil es kaum Zeitschriften für deutschsprachige Literatur gab. Mit dem Zerfall der heterogenen deutschen Literaturszene und ihrer Diaspora gingen auch die Institutionen und Plattformen verloren, derer sich die Emigranten zuvor hatten bedienen können. Vielen war die Flucht zudem nur mit gefälschten Papieren gelungen und ihnen wurde nach der Exilierung die deutsche Staatsbürgerschaft abgesprochen.

So mussten sie sich dem Diktat der jeweiligen Einwanderungsbehörde unterwerfen und waren ständig von der Gefahr der Aufhebung ihres Visums oder des Endes ihrer Duldung bedroht. Zu der dadurch erzeugten permanenten Angst vor Abschiebung und den Fängen des NS-Regimes kam noch, dass viele der Emigranten von der jeweiligen Bevölkerung als potentielle Spitzel gesehen wurden und man ihnen darum feindlich entgegentrat. Dies alles resultierte auf materieller Ebene darin, dass nur die wenigsten Exildichter sich mit ihrem Schreiben die Existenz sichern konnten und bei vielen große Geldprobleme entstanden. Emotional war die Zeit nicht weniger fordernd, seelische Traumata kamen sehr häufig vor und es begingen eine Reihe von aus Deutschland emigrierten Künstlern Suizid.

Allein schon durch die weite räumliche Verteilung wäre es den Exilanten kaum möglich gewesen, eine gemeinsame Stilrichtung mit entsprechender poetischer Grundlage zu finden. Daran bestand jedoch ohnehin kaum Interesse. Die meisten verfolgten in ihrem literarischen Schaffen die Route, die sie schon vor 1933 eingeschlagen hatten.

Der Roman war mit Abstand die beliebteste Form literarischen Ausdrucks, was zu großen

Teilen daran lag, dass er größere Verkaufschancen hatte als andere Textsorten und der internationalen Leserschaft mit ihren Lesegewohnheiten entgegenkam. In ihnen wurde häufig das Dritte Reich thematisiert, wobei entweder dessen Vorgeschichte und Bedingtheit dargestellt oder es bis an sein katastrophales Ende gedacht wurde. Eine andere Art der Beschäftigung mit den Geschehnissen in Deutschland stellte der historische Roman dar, in dem bestimmte historische Begebenheiten zu denen des Dritten Reiches analog gesetzt wurden. Eine weitere Spielart dieses Romantypus war die tatsächliche Konzentration auf historische Stoffe, der man eskapistische Tendenzen nachsagte. Zu nennen ist ferner der autobiographische Roman, in dem die eigene Lebensgeschichte vor dem Hintergrund des epochalen Zeitgeschehens beleuchtet wurde. Herausragendes Beispiel hierfür ist Stefan Zweigs letztes vollendetes Werk *Die Welt von Gestern*.

Das Drama und die Lyrik spielten für die Exilliteratur kaum eine Rolle, was viel mit praktischen Problemen verbunden war. Grundsätzlich lässt sich aber für diese beiden Gattungen feststellen, dass sie von Dichtern dominiert wurden, die bereits in der Weimarer Republik zu Bekanntheit gelangt waren.

Viele der exilierten Schriftsteller suchten nach Möglichkeiten, ihre Ablehnung des NS-Regimes auch aktivistisch zu äußern. Den größten Versuch startete der berühmteste von ihnen, Thomas Mann. In 55 Radioreden unter dem Titel „Deutsche Hörer" sandte er über die BBC den Deutschen Aufrufe zum Widerstand und Reflexionen über das aktuelle Zeitgeschehen zu. Die fünf- bis achtminütigen Folgen wurden via Langwelle versendet, so dass es möglich war, sie mit dem Volksempfänger zu hören. Auch wenn ihr Einfluss nicht taxierbar ist, so blieben sie doch nicht ganz ohne Wirkung, wie die Verunglimpfung Manns durch Hitler zeigt.

Seit der Gründung der Bundesrepublik und der DDR 1949 hat sich in der Literatur viel getan, an dem wir historisch noch zu nah dran sind, um es näher klassifizieren zu können. Deshalb wird im Kapitel „Gegenwartsliteratur" möglichst viel von dem behandelt, was in den letzten Jahrzehnten literarisch in Deutschland passiert ist.

GEGENWARTSLITERATUR

Das erste Genre, das sich nach dem Zweiten Weltkrieg in Deutschland etablieren konnte, war die sogenannte Trümmerliteratur, die in die Nachkriegsliteratur überging. Die Trümmerliteratur zeichnete sich durch einen lakonischen Sprachgebrauch aus, dessen Zweck es war, das Deutsche von nationalsozialistischem Ballast zu befreien. Die geforderte Lebensnähe der Autoren liegt in dem starken Bedürfnis nach Sicherheit und praktischen Lösungen begründet, das die direkte Nachkriegszeit bestimmte.

Die Nachkriegsliteratur wiederum ist eine stärker zeitlich orientierte Beschreibung literarischer Strömungen und umfasst verschiedene Ausformungen und Stilideen. Während sich die Literatur der DDR weitestgehend darauf konzentrierte, den neuen sozialistischen Staat zu tragen, entstanden in Westdeutschland verschiedene

Formen des Umgangs mit dem Erbe der vorigen Jahrzehnte. Bölls gesellschaftskritische Sozialpanoramen standen neben der hermetischen Lyrik eines Paul Celan.

In den Fünfzigerjahren legte Eugen Gomringer mit seinem Text *vom vers zur konstellation* die Grundlage für die konkrete Poesie im deutschsprachigen Raum. Sie hat zum Ziel, das Wort von seinem hermeneutischen Gehalt zu lösen und als konkretes Objekt in seiner phonetischen wie visuellen Gestaltung wirken zu lassen. Das Spiel mit den Bedeutungselementen zählt ebenso zur konkreten Poesie wie die Anordnung von Wort- oder Buchstabenclustern. In aller Beiläufigkeit regen die poetischen Kreationen zur Debatte über Bedeutung und Wahrnehmung an, wie folgender kurzer Text Eugen Gomringers zeigt:

schweigen schweigen schweigen
schweigen schweigen schweigen
schweigen   schweigen
schweigen schweigen schweigen
schweigen schweigen schweigen

Die Bedeutung des Begriffs ist in diesem Gedicht zum einen über die Kenntnis des Wortes zu erlangen, zum anderen aber auch durch das rein visuelle Element der Leerstelle.

Besonders verbreitet war die konkrete Poesie in den Dichterzirkeln der Wiener Gruppe und der Stuttgarter Schule. Zu den wichtigsten Vertretern zählen neben Gomringer Ernst Jandl und Helmut Heißenbüttel.

Nach dem Überwinden der Nachkriegszeit und dem beginnenden Eingeständnis der deutschen Schuld entwickelte sich in den Siebzigerjahren eine Literatur, die der renommierte Kritiker Marcel Reich-Ranicki als neue Subjektivität bezeichnete und die sich auf die Darstellung persönlicher Träume und privater Probleme kaprizierte. Damit stand sie im Gegensatz zu der ebenfalls vorherrschenden politisch und sozial engagierten Literatur der ausgehenden Sechzigerjahre, aber auch zu einer dem literarischen Experiment verpflichteten Poetik, die ihre Inspiration aus der klassischen Moderne zog. Zwar wurde Gesellschaftskritik geäußert, jedoch immer eingebettet in den persönlichen Erfahrungsraum. Blüten trieb diese Entwicklung etwa mit Christa Wolfs *Nachdenken über Christa T.*, das 1968 erschien. Selbsterkenntnis und der Blick in die eigene Psyche waren bestimmende Vorgehensweisen der neu-subjektiven Autoren.

„Also, es fängt damit an, daß ich bei Fisch-Gosch in List auf Sylt stehe und ein Jever aus der Flasche trinke. Fisch-Gosch, das ist eine Fischbude, die deswegen so berühmt ist, weil sie die nördlichste Fischbude Deutschlands ist. Am obersten Zipfel von Sylt steht sie, direkt am Meer, und man denkt, da käme jetzt eine Grenze, aber in Wirklichkeit ist da nur eine Fischbude. Also, ich stehe da bei Gosch und trinke ein Jever. Weil es ein bisschen kalt ist und Westwind weht, trage ich eine Barbourjacke mit Innenfutter. Ich esse inzwischen die zweite Portion Scampis mit Knoblauchsoße, obwohl mir nach der ersten schon schlecht war. Der Himmel ist blau. Ab und zu schiebt sich eine dicke Wolke vor die Sonne. Vorhin habe ich Karin wiedergetroffen. Wir kennen uns noch aus Salem, obwohl

> wir damals nicht miteinander geredet haben, und ich habe sie ein paar mal im Traxx in Hamburg gesehen und im P1 in München."

Das ist der Beginn von Christian Krachts 1995 erschienenem Roman *Faserland,* der als Meilenstein der Popliteratur gilt. Diese besteht zwar zu Teilen aus den im Namen festgehaltenen popkulturellen Bezügen, aber bei genauerer Betrachtung lässt sich ihr keine Anspruchslosigkeit unterstellen. Popliteratur ist, grob gefasst, jede Literatur, die unter den Marktmechanismen des Spätkapitalismus entsteht und ihre Gegenwart dementsprechend thematisiert.

Und heute? Heute geschieht literarisch vieles, das sich erst in der Retrospektion zu Strömungen wird zusammenfassen lassen. Ob die Rolle der Frau und der Mutter thematisiert wird, wie bei Anke Stelling, ob Diskriminierungserfahrungen mit Sozialkritik verknüpft werden, wie es Deniz Ohde tut, ob mit neuartigem Witz das Land und das eigene Leben thematisiert werden, wie in den Romanen Sasa Stanisics, oder ob die

Sprachfeinheit und die poetische Erfahrung der Wirklichkeit im Mittelpunkt stehen, wie bei Peter Handke: Die Vielfalt der deutschen Gegenwartsliteratur ist groß.

Deutsche Dichter, deutsche Denker: Drei Beispiele

Es ist ein eigentlich unmögliches Unterfangen, aus der Fülle deutscher Geistesgrößen nur drei herauszuziehen. Andererseits ermöglicht die genauere Konzentration auf Friedrich Schiller, Rainer Maria Rilke und Daniel Kehlmann, deren Gesamtwerk vorzustellen und Ihnen einen besseren Überblick über das gesamte

Schaffen der drei gewählten Autoren zu liefern. Nach einer Präsentation der Lebensumstände der drei Autoren wird jeweils näher auf das Werk eingegangen, wobei verschiedene Schwerpunkte gesetzt werden.

FRIEDRICH SCHILLER

Der Marbacher Dichter wurde am 10. November 1759 als Sohn eines Offiziers geboren. Nach zwei Umzügen wurde Schiller in Ludwigsburg Mitglied der dortigen Lateinschule. Auf der Karlsschule, der er auf herzogliches Geheiß hin beitreten musste, befasste er sich mit dem Studium des Rechts, während er und seine Mitschüler unter militärischem Drill standen. Später wechselte er sein Fachgebiet und wandte sich der Medizin zu, zu dieser Zeit begann er auch, sich intensiver mit Literatur auseinanderzusetzen. Nach mehreren Dissertationsversuchen war Schiller schließlich als promovierter Militärarzt in einem Regiment der württembergischen Armee tätig, mit diesem Posten jedoch nie ganz zufrieden.

1781 vollendete Schiller sein einige Jahre zuvor begonnenes Stück *Die Räuber,* das ein Jahr später in Mannheim uraufgeführt wurde. Durch verschiedene Regelübertritte Schillers und politische Querelen spitzte sich der Konflikt zwischen ihm und dem Herzog zu, bis Schiller sich gezwungen sah, aus Stuttgart zu fliehen, da ihm das nichtmedizinische Schreiben untersagt worden war. Damit begannen für ihn Jahre der Unsicherheit. Er fand Unterschlupf in einem thüringischen Dorf und setzte seine schriftstellerische Tätigkeit fort. Nachdem er 1784 einem Ruf als Theaterdichter nach Mannheim gefolgt war, musste er ein Jahr später weiterziehen und fand sich 1785 in der Gegend um Leipzig und Dresden wieder, wo er sich bis 1788 aufhielt.

Hier finalisierte er seinen *Don Karlos* und verfasste die Ode *An die Freude,* bevor er 1789 als außerordentlicher Professor an die Universität Jena berufen wurde. Seine prekäre finanzielle Situation besserte sich und er heiratete Charlotte von Lengsfeld. Kurz nach der Hochzeit allerdings erkrankte er schwer, vermutlich an Tuberkulose, wovon er sich bis an sein Lebensende nicht erholte. Was sein Werk betraf, waren die letzten zehn Jahre seines Lebens die fruchtbarsten, was auch in der engen Freundschaft zu Goethe begründet lag. Schiller zog im Jahr 1799 mit seiner Familie nach Weimar um, wo er nach einer schweren Erkrankung 1805 mit Mitte Vierzig verstarb.

Widmen wir uns zunächst der Lyrik Schillers, die bereits bei den Zeitgenossen im Vergleich zu Goethe nur gering geschätzt wurde. Der Vorwurf der Kritiker lautete, dass Schiller zu bemüht sei, philosophische und moralische Aussagen in die lyrische Form zu bannen, und dabei allzu oft ins Banale und Triviale abdrifte. Für einzelne Gedichte mag das stimmen, doch es gibt ebenso herausragende Beispiele, die Schillers Genius und seinen Rang als Dichter bestätigen. Eines davon ist die Ballade *Die Bürgschaft,* deren erste Strophe Zeugnis dafür ist, wie gekonnt Schiller mit lyrischen Formen umzugehen verstand:

„Zu Dionys, dem Tyrannen, schlich
Damon, den Dolch im Gewande:

> Ihn schlugen die Häscher in Bande,
> ‚Was wolltest du mit dem Dolche? Sprich!‘
> Entgegnet ihm finster der Wüterich:
> ‚Die Stadt vom Tyrannen befreien!‘
> ‚Das sollst du am Kreuze bereuen.‘"

Die Exposition ist mit dieser ersten Strophe abgeschlossen, der Held der Ballade wurde den Lesern vorgestellt und sein Schicksal ist uns ebenfalls bekannt. Im Fortgang der Handlung bittet Damon den Tyrannen um Zeit, um seine Schwester zu verheiraten, und hinterlässt ihm seinen besten Freund als Bürgen, der bei zu später Rückkehr an seiner statt sterben muss. Der Herrscher lässt sich darauf ein und Damon befindet sich rechtzeitig auf dem Rückweg, um seinen Freund zu befreien, doch allerlei Widrigkeiten stehen ihm im Weg: Ein Wetterumschwung und Diebe sorgen für multiple Verzögerungen. Hier zeigt sich deutlich die von Schiller intendierte Moral der unbedingten Treue als Ideal, die aber nicht plump oder übermäßig pathetisch erscheint, was Schillers Stil zu verdanken ist. Damon schafft es schließlich, rechtzeitig anzulangen, und der König bittet, beeindruckt von der Freundschaft der beiden, ihn ebenfalls als Freund anzunehmen.

Am wichtigsten für die deutsche Literatur waren jedoch ohne Zweifel Schillers Dramen, von denen die bekanntesten *Wilhelm Tell, Kabale und Liebe* und *Die Räuber* sind.

Friedrich Schiller ist mit seiner formvollendeten Verskunst in Gedicht und Drama ein Autor, den es für jeden einzelnen von Ihnen für sich zu entdecken gilt.

RAINER MARIA RILKE

Hört man den Namen dieses österreichischen Dichters, so fallen einem zunächst seine bekanntesten Gedichte *Der Panther* und *Herbsttag* ein, aber die literarische Bandbreite eines der wichtigsten Poeten der Moderne umfasst neben seinen Gedichten auch Erzählungen, Briefe, Texte zu Ästhetik und einen Roman.

Rilke wurde am vierten Dezember 1875 im damals zu Österreich-Ungarn gehörenden Böhmen geboren.

Er verlebte in Prag eine unglückliche Kindheit, die vom beruflichen Scheitern des Vaters und der Trauer seiner Mutter über den frühen Tod seiner älteren Schwester geprägt war. Die Mutter kam nicht über den Verlust hinweg und drängte Rilke in die Rolle seiner Schwester.

Nach dem Besuch einer Volksschule wechselte Rilke 1886 auf eine Militärschule in Österreich, die jedoch seinen Talenten und Vorlieben widerstrebte, sodass er sie nach sechs Jahren verließ und eine Handelsakademie besuchte. Nachdem er der Schule wegen einer Liebesaffäre verwiesen worden war, bereitete er sich bis 1895 auf das österreichische Äquivalent des Abiturs, die Matura, vor. Nach bestandener Reifeprüfung begann er das Studium in seiner Heimatstadt, bevor er ein Jahr später nach München an die renommierte Ludwig-Maximilians-Universität wechselte. Eine Schlüsselbegegnung sollte für Rilke 1897 das Kennenlernen der vierzehn Jahre älteren Lou

Andreas-Salomé sein, in die er sich verliebte und auf deren Anraten er seinen Vornamen von René zu Rainer änderte. Mit ihr war er drei Jahre liiert, sie blieb jedoch bis zu seinem Tod eine eminent wichtige Wegbegleiterin. Nachdem Rilke Andreas-Salomé nach Berlin gefolgt war, unternahm er mehrere Reisen, zunächst allein nach Italien und Worpswede, 1899 und 1900 dann mit dem Ehepaar Andreas-Salomé nach Russland. Auf seiner ersten Reise traf er in Moskau auf Lev Tolstoi, auf der zweiten zufällig auf den bedeutenden Dichter Boris Pasternak.

Nach der Trennung von Lou Andreas-Salomé heiratete er 1901 Clara Westhoff, gab jedoch bald nach der Geburt seiner Tochter das Familienleben auf und zog nach Paris. Er befand sich permanent in einer finanziell prekären Situation, die jedoch begleitet war von prägenden Einflüssen und Anregungen, welche Paris für ihn zur zweiten Heimat werden ließen.

Rilke fand einen neuen Verleger in Anton Kippenberger vom Insel-Verlag, für den er zum wichtigsten zeitgenössischen Autor avancierte. Nachdem er 1910 seinen einzigen Roman *Die Aufzeichnungen des Malte Laurids Brigge* vollendet hatte, geriet er in eine Schreibkrise, in der er zwar mit seinen bahnbrechenden *Duineser Elegien* begann, die aber durch den Ausbruch des Ersten Weltkriegs und Rilkes Einzug zum Militärdienst 1916 verschlimmert wurde.

1919 reiste Rilke von München aus in die Schweiz mit dem Wunsch, die Arbeit an seinen Elegien fortzusetzen. In Zürich traf er auf Nanny Wunderly-Volkart, die ihn mäzenatisch unterstützte und durch deren Cousin der von Rilke nach zwei Jahren gefundene Wohnort dem Dichter kostenfrei zur Verfügung gestellt wurde. Hier vollendete er schließlich innerhalb kurzer Zeit 1922 die *Duineser Elegien* und die *Sonette an Orpheus,* die einen Höhepunkt seines Schaffens darstellen.

Ab 1923 verschlechterte sich der Gesundheitszustand Rilkes zusehends, weswegen er sich mehrfach ins Sanatorium begab und auch versuchte, durch eine kurze Übersiedlung nach Paris dem Unwohlsein entgegenzuwirken. In der Zeit bis zu seinem Tod Ende 1926 entstanden noch einige für sich stehende Gedichte und Werke in französischer Sprache. Rainer Maria Rilke wurde am zweiten Januar 1927 in der Nähe seines letzten Wohnorts in der Schweiz beigesetzt.

Rilkes Werk ist stark beeinflusst von den philosophischen Überlegungen Arthur Schopenhauers und Friedrich Nietzsches, die er bereits früh rezipierte. Nach einer Reise in den Orient begann Rilke zudem, sich zunehmend für den Islam zu interessieren, während er den fehlenden Diesseitsbezug des Christentums kritisierte. Als Vertreter des Transzendentalen kann man ihn insofern sehen, als er eine rein positivistische Wissenschaftsgläubigkeit ablehnt. Andererseits ist ihm eine tiefe Skepsis eingeschrieben, wie man bereits aus der ersten Zeile der ersten der Duineser Elegien entnehmen kann:

> „Wer, wenn ich schriee, hörte mich denn aus der Engel Ordnungen?"

Insgesamt gilt Rilke zu Recht als einer der bedeutendsten deutschen Dichter des 20. Jahrhunderts, dessen *Briefe an einen jungen Dichter* und Gedichte weltweite Rezeption erfahren haben.

DANIEL KEHLMANN

Der letzte vorgestellte lesenswerte Autor, Daniel Kehlmann, wurde am 13. Januar 1975 in München geboren. Er wird anhand seiner Werke präsentiert, die eine ganz eigene, literarische Entwicklungsreise hervorbringen.

1997 betrat Daniel Kehlmann mit seinem Erstlingswerk *Beerholms Vorstellung* die literarische Bühne. Der damals Zweiundzwanzigjährige wurde vom Feuilleton durchaus gelobt, aber man beanstandete eine angeblich noch fehlende Souveränität und Stilsicherheit. Kehlmann erzählte die fiktive Biographie des Magiers Arthur Beerholm, der über sein Leben reflektiert und sich als erzählende Figur an eine mysteriöse Frau wendet, die seltsam unscharf bleibt. Ein interessanter Einstieg in Kehlmanns Werk.

Seinem Debütroman ließ er 1998 den Erzählband *Unter der Sonne* folgen, dessen acht Erzählungen

die Sehnsucht des Menschen nach Daseinstrans-
zendenz zum Thema haben. Die stärksten Geschichten des Bandes sind *Pyr,* die von einem
brandstiftenden Fernsehelektriker handelt, *Töten*
und die eponymische Kurzgeschichte *Unter der
Sonne,* aber auch die anderen Beiträge des Bandes
sind Belege für Kehlmanns hohes literarisches Ni-
veau.

Nach dem Roman *Mahlers Zeit* aus dem Jahr
1999 veröffentlichte Daniel Kehlmann 2001 bei
Suhrkamp die Novelle *Der fernste Ort,* in dem der
Protagonist Julian versucht, seinem bisherigen Leben zu entfliehen, das in Rückblicken dargestellt
wird. Thematisch lassen sich Anknüpfungspunkte
zu *Unter der Sonne* finden, zudem setzt der Autor
den seit seinem Debüt kultivierten magischen Realismus fort. Die Literaturkritik verkannte seiner-
zeit die ambivalente Doppelstruktur der Novelle,
wie Kehlmann selbst in späteren populär-litera-
turwissenschaftlichen Arbeiten bemerkt.

Sein dritter Roman, *Ich und Kaminski,* erschien
2003. Bei ihm handelt es sich um einen der besten
Romane der deutschen Gegenwartsliteratur, eine

grandios komische Komödie rund um den sich selbst überhebenden Kunsthistoriker Sebastian Zöllner, der seine Karriere durch das Verfassen einer Biographie über Manuel Kaminski, einen berühmten Maler, ankurbeln möchte. Im Verlaufe seiner Bekanntschaft mit Kaminski offenbart sich jedoch seine Ahnungslosigkeit, die im Widerspruch steht zu seinen Selbstaussagen. Ein herrlich kurzweiliges und literarisch anspruchsvolles Bonbon.

Nur zwei Jahre später brachte Kehlmann seinen erfolgreichsten Roman auf den Markt, die historische Fiktion *Die Vermessung der Welt* rund um die beiden deutschen Universalgenies Alexander von Humboldt und Carl Friedrich Gauß. Stilistische Besonderheit dieses Weltbestsellers ist der im Konjunktiv gehaltene Dialog, der durchweg als indirekte Rede wiedergegeben wird und dem Buch eine eigene Komik verleiht.

2007 erschien mit *Ruhm - Ein Roman in neun Geschichten* sein wohl bestes Werk. Kehlmanns gekonntes postmodernes Spiel mit Realität und Fiktion, in dem die Figuren sich alle auf bestimmte

Weise über das Konzept des Ruhms verbinden, ist ein Meilenstein der deutschen Literatur. Kehlmann gelingt es, die verschiedenen Episoden auf subtile Weise zu vernetzen und damit die Welt des Internets formal zu spiegeln. In seiner teilweisen Verrätselung erinnert das Buch an Filme wie Quentin Tarantinos *Pulp Fiction.*

In *F* von 2013 widmet sich der Dichter erneut der Kunstwelt, allerdings ist diese nur ein Teil unter verschiedenen innerhalb eines familiären Geflechts. Das Schicksal, lateinisch *fatum,* spielt eine ebenso große Rolle wie die teilweise Ununterscheidbarkeit von Fakt und Fiktion. Das Buch stand auf der Longlist des deutschen Buchpreises.

2017 kam der bisher letzte Roman von Kehlmann heraus, der den Titel *Tyll* trägt und die Figur des Till Eulenspiegel in die Zeit des Dreißigjährigen Kriegs versetzt. In einem erneuten Spiel mit Wahrheit und Fiktion werden historisch beglaubigte Personen, wie der Kirchengelehrte Athanasius Kircher, der Tylls Vater aufgrund seiner magischen Kenntnisse den Prozess als Hexer macht, oder der Dichter Paul Fleming, einem der

Pioniere der neuhochdeutschsprachigen Lyrik, eingeführt. Dabei wird etwa die Position der Kirche ironisiert, indem die katholischen Hexenprozessführer Kircher und Tesimond der Lehrmeinung entsprechend den Aberglauben als Sünde und Zeichen der Hexerei verurteilen, jedoch selbst Verwendung davon machen. In einer Szene des Romans hilft sogar ein zitiertes magisches Quadrat, einen Ausweg aus einer misslichen Lage zu finden.

Daniel Kehlmann ist zweifelsohne ein bedeutender Schriftsteller der Gegenwart, dessen vielseitige Romane Lesegenuss und literarischen Anspruch wundervoll vereinen.

Aus den Wurzeln in die Zukunft – Ein Ausblick

„Wir stehen selbst enttäuscht und sehn betroffen/ den Vorhang zu und alle Fragen offen." Dieser Satz aus dem Epilog von Bertolt Brechts Theaterstück *Der gute Mensch von Sezuan* lässt sich auch auf den Ausblick auf die Zukunft der deutschen Literatur anwenden. Was in Zukunft passiert, wissen wir nicht. Werden sich die postmodernen Tendenzen fortsetzen und in einer Avantgarde kulminieren, die ihr Lesepublikum aus den Augen verliert? Wird es einen literarischen Konservatismus geben, der sich gegen die technischen Entwicklungen stemmt und womöglich sehnsuchtsvoll die heile Welt von gestern heraufbeschwört? Oder bilden sich ganz neue Literaturen heraus, getragen von Generationen, die von Anfang an mit den sozialen Medien sozialisiert wurden? Es bleibt uns nur, zu warten und weiterzulesen, uns der neu erscheinenden literarischen Leckerbissen zu erfreuen und die klassischen Werke neu zu entdecken. Vergeblich ist diese Mühe in keinem Fall, denn, um einen treffenden Satz des sowjetischen Filmemachers Andrej Tarkowski abzuwandeln: Lesen sorgt dafür, dass wir nicht nur schauen, sondern sehen.

Herstellung und Verlag:

BoD – Books on Demand, Norderstedt

ISBN: 9783756801893

Kontakt: Psiana eCom UG/ Berumer Str. 44/ 26844 Jemgum

Covergestaltung: Fenna Larsson

Coverfoto: depositphotos.com